Dieses Buch gehört:

WAS IST WAS Erstes LESEN

Christina Braun

Bären

TESSLOFF

Hallo!

Ich bin Ben, der Braunbär.
Ich bin noch ein ganz junger Bär.
Aber wenn ich erwachsen bin,
kann ich über zwei Meter groß werden!
Ich lebe in einem großen Wald in Schweden,
zusammen mit meinen zwei Geschwistern.
Unsere Mutter bringt uns alles bei,
was wir zum Überleben brauchen.
Wusstest du übrigens, dass auch Eisbären
und Pandas mit mir verwandt sind?
Komm mit! Ich stelle dir
meine Familie vor!

Inhalt

Dicker Pelz und große Tatzen

Große Bären, kleine Bären

Dickes braunes Fell, große Tatzen
und ein Gesicht wie ein Teddy:
So sieht ein Braunbär aus.
An ihn denken wir meistens,
wenn wir von Bären sprechen.
Braunbären sind weltweit
auch am weitesten verbreitet.
Doch es gibt noch viel mehr Arten.

In der Tierforschung werden Bären
in drei Gruppen unterteilt.
Braunbären, Eisbären, Große Pandas
und andere gehören zu den **Großbären**.
Zu den **Kleinbären** zählen zum Beispiel
Waschbär, Wickelbär und Nasenbär.
Der Rote Panda ist ein **Katzenbär**.

Viel gemeinsam

Großbären und Kleinbären
sehen völlig verschieden aus.
Trotzdem haben sie vieles gemeinsam.
Alle bringen ihre Jungen lebend zur Welt.
Sie füttern sie mit der Milch der Mutter.
Genau wie der Mensch sind sie Säugetiere.

Alle Bären sind Raubtiere.
Sie gehen auf die Jagd
oder fressen tote Tiere,
wenn sie welche finden.

Beim Laufen treten Bären
mit der ganzen Fußsohle auf.
Sie sind Sohlengänger,
genau wie wir Menschen.

Waschbär

Wickelbär

Roter Panda

Echt schwer!

Alle Großbären haben einen ähnlichen Körperbau. Sie sind sehr kräftig und massig. Ein erwachsenes Männchen kann fast drei Meter groß werden – wenn es sich auf die Hinterbeine stellt. Die schwersten Männchen wiegen manchmal über 700 Kilogramm.

Bären haben ein dichtes, langes Fell. Meist ist es braun oder schwarz. Aber Eisbären und Große Pandas fallen mit ihrem hellen Fell auf.

Was gibt's da zu sehen? Der Braunbär stellt sich auf die Hinterbeine. So hat er alles im Blick.

Bären können schnell rennen.
Obwohl sie so schwer sind!
Meistens tapsen sie aber
gemütlich durch die Natur.

Schnell unterwegs

Großbären haben starke Muskeln
in den Schultern und Beinen.
Deshalb können sie schnell rennen:
bis zu 50 Kilometer pro Stunde.
Das ist so schnell,
wie ein Auto in der Stadt fahren darf.

An den Tatzen haben Bären
fünf Zehen mit kräftigen Krallen.
Die brauchen sie
zum Klettern und Jagen.
Die Fußsohlen sind behaart.
So rutschen die Tiere auf Eis
oder nassem Boden nicht aus.

Braunbär

Echte Kletterkünstler

Die Kleinbären und Katzenbären
sehen dagegen ganz anders aus.
Ihr Körper ist nur etwa 60 Zentimeter lang.
Genauso lang wird auch ihr Schwanz.
Bei vielen Arten ist er hübsch geringelt.

Viele Kleinbären leben auf Bäumen.
Denn sie können sehr gut klettern.
Ihr langer Schwanz hilft ihnen,
das Gleichgewicht zu halten.

Auch der **Rote Panda** klettert gern.
Er ist aber kein Kleinbär,
sondern der einzige Vertreter
der Katzenbären.

Kleine Verwandte

Die meisten Kleinbären jagen
in der Dämmerung oder nachts.
Zum Schlafen verstecken sie sich
in Felsspalten oder Baumhöhlen.

Makibär

Kleinbären fressen eigentlich alles.
Vor allem mögen sie pflanzliche Nahrung.
Zum Beispiel Nüsse oder Früchte.
Einige Arten verspeisen auch Eier,
kleine Wirbeltiere und Insekten.

Den **Waschbären** kennst du bestimmt.
Er ist der bekannteste Kleinbär.
Auch bei uns in Europa
streift er durch Wälder und Gärten.

Gibt's hier was zu sehen?
Die Waschbären gucken
neugierig aus der Höhle.

Welche Bären leben wo?

Kleinbären gibt es eigentlich nur
in Nordamerika und Südamerika.
Der Waschbär ist eine Ausnahme.
Großbären sind dagegen
über die ganze Welt verteilt.

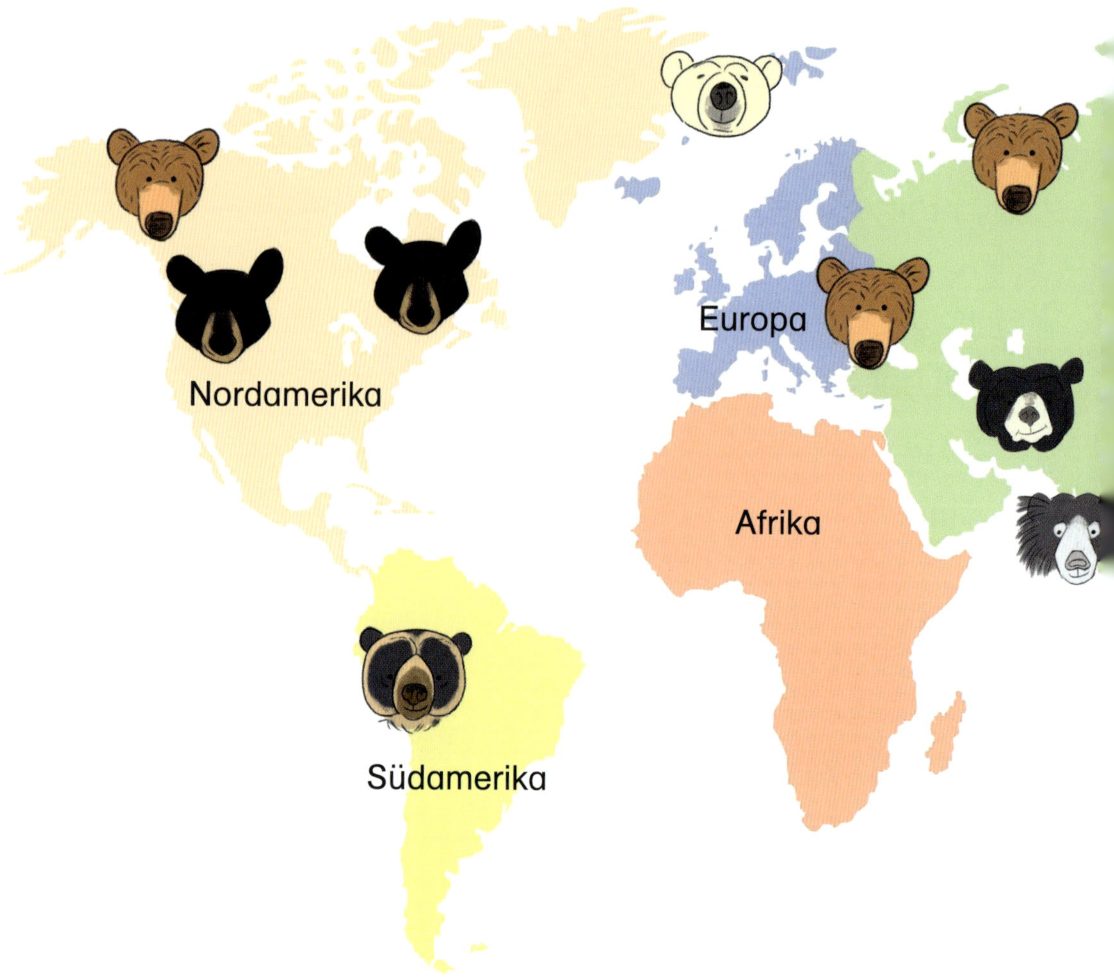

Alle Großbären sind perfekt an ihre Lebensräume angepasst. Sie haben fast keine Feinde. Nur Menschen können ihnen gefährlich werden.

- Braunbär
- Schwarzbär
- Eisbär
- Großer Panda
- Brillenbär
- Kragenbär
- Lippenbär
- Malaienbär

Koala

Ameisenbär

Bär oder kein Bär?

Ameisenbär, Koalabär oder Brauner Bär:
Manche Tiere haben zwar „Bär“ im Namen,
doch sie sind gar keine Bären.
Der **Braune Bär** ist zum Beispiel
ein hübscher Nachtfalter.
Auch der **Ameisenbär** ist kein Bär.
Er ist mit dem Faultier verwandt.

Brauner Bär

Der **Koala** lebt in Australien.
Und auch er ist kein Bär.
Er gehört zu den Beuteltieren,
genau wie das Känguru.
Die Weibchen haben
einen Fellbeutel an ihrem Bauch.
Darin ziehen sie ihre Jungen auf.

Bens Lesequiz

1 Welcher Bär ist kein Großbär?

a) Der Eisbär.

b) Der Braunbär.

c) Der Nasenbär.

2 Welcher Satz stimmt nicht?

a) Großbären sind Sohlengänger.

b) Koalabären sind Kleinbären.

c) Kleinbären können gut klettern.

3 Welcher Kleinbär lebt nicht nur in Nordamerika?

a) Der Waschbär.

b) Der Makibär.

c) Der Nasenbär.

Lösung: 1c), 2b), 3a)

Braunbär, Panda und Co

So leben die Großen

Die Großbären werden auch
Echte Bären genannt.
Sie können sehr gut laufen,
klettern und sogar schwimmen.
Obwohl sie so groß und pelzig sind.

Großbären sind Einzelgänger.
Sie ziehen allein durch ihr Revier.
Männchen und Weibchen
treffen sich nur zur Paarungszeit.
Die Mutter kümmert sich liebevoll
um ihren Nachwuchs.
Sie bringt ihren Kindern alles bei,
was sie als Bären können müssen.

Der Bär genießt ein Bad im Fluss.

Mal Pause machen! Bären können sich ganz gemütlich auf ihren Po setzen.

Ruhe im Winter

Wenn im Winter Schnee liegt,
wird bei vielen Bären die Nahrung knapp.
Dann halten die Tiere Winterruhe.
Dafür ziehen sie sich
in eine gemütliche Höhle zurück.
Darin sind die Tiere gut geschützt.

Vorher heißt es: futtern, futtern, futtern!
Dabei legen sich die Bären
ein dickes Speckpolster an.
Das ist wichtig, damit sie im Winter
nicht verhungern.

Hast du gewusst ...

... dass Bären Raubtiere sind?
Das sieht man an ihrem Gebiss.
Am liebsten fressen sie aber
Früchte, Blätter oder Wurzeln.
Auch Insekten und kleine Tiere
gibt es ab und zu.
Außerdem lieben sie Honig.

Alles im Blick

Hören, sehen und riechen:
Bären haben ausgezeichnete Sinne.
Damit finden sich die pelzigen Tiere
in ihrer Umgebung gut zurecht.

Bären können sogar
Farben unterscheiden.
So erkennen sie zum Beispiel,
ob Beeren an einem Strauch
schon reif oder noch grün sind.

Die Ohren sind zwar recht klein.
Das heißt aber gar nichts!
Denn Bären haben auch
ein sehr gutes Gehör.

Hast du gewusst ...

... dass Bären mit den Ohren
ihre Stimmung zeigen können?
Aufgestellte Ohren sagen:
Ich bin ganz aufmerksam.
Angelegte Ohren heißen:
Komm lieber nicht näher!

Juckt das Fell? Nein!
Der Bär hinterlässt
eine Nachricht
für andere Bären.

Immer der Nase nach

Vor allem haben Bären eine besonders feine Nase. Sie riechen sogar besser als Hunde. Leckeres Futter können sie mehrere Kilometer weit aufspüren.

Über den Geruch verständigen sie sich auch mit ihren Artgenossen. Denn die Tiere hinterlassen selbst verschiedene Düfte im Wald. Zum Beispiel, wenn sie ihren dicken Pelz an einem Baumstamm schubbern. Andere Bären können den Geruch lesen: Sie wissen dann, ob ein männlicher Rivale oder eine Mutter mit Jungen vor Ort war.

Ein guter Bekannter

Der **Braunbär** ist wohl der bekannteste Bär.
Er lebt in Nordamerika, Asien und Europa.
Doch Braunbär ist nicht gleich Braunbär.
Es gibt vierzehn verschiedene Arten.
Dazu zählen der **Grizzlybär**, der **Kodiakbär**
und auch der **Europäische Braunbär**.

Der **Kodiakbär** ist ein echter Riese.
Er ist der größte aller Bären –
zusammen mit dem Eisbären.
Wenn er auf den Hinterbeinen steht,
ist er etwa doppelt so groß wie du!

Grizzly

Europäischer Braunbär

Kodiakbär

Die Jagd war erfolgreich. Heute sind genug Fische für alle da.

Heute gibt es Fisch!

Es ist Sommer in Nordamerika.
Grizzly, Kodiakbär und Co
versammeln sich jetzt
an den Ufern der großen Flüsse.

Denn im Spätsommer wandern hier
Millionen Lachse den Fluss hinauf.
Es zieht sie an den Ort zurück,
an dem sie selbst auf die Welt kamen.
Hier wollen sie nun ihre Eier ablegen.

Jetzt beginnt ein Festmahl für die Bären.
Denn die Lachse springen ihnen
direkt vor die Nase.
Mit einem Hieb der kräftigen Tatzen
werden die Fische ruckzuck erlegt.

Ein Bär in Südamerika

Der **Brillenbär** lebt in Südamerika.
Er ist der einzige Großbär dort.

Sein Fell ist dunkelbraun
bis schwarz.
Nur an einigen Stellen
hat er helles Fell im Gesicht.
Das sieht manchmal aus,
als hätte er eine Brille auf.

Diese hellen Abzeichen sind
bei allen Bären unterschiedlich.
Forscher und Forscherinnen können
die Tiere daran gut unterscheiden.

Bei diesem Bär
kannst du die Brille
sehr gut erkennen.

Hier hat das Gesicht keine richtige Brille. Das ist bei vielen Brillenbären so.

Scheue Waldbewohner

Die meisten Brillenbären gibt es in den Anden. Das ist ein riesiges Gebirge in Südamerika. Dort leben die Bären in den feuchtwarmen Regenwäldern. Sie streifen auf einer Höhe von bis zu 5 000 Metern umher.

Auch Brillenbären ernähren sich vor allem von Pflanzen und Früchten. Selten jagen sie kleinere Tiere. Die Bären haben selbst fast keine Feinde. Sogar Pumas oder Jaguare gehen ihnen lieber aus dem Weg.

Ein echter Amerikaner

Wo lebt wohl
der **Amerikanische Schwarzbär**?
Na klar! Sein Name verrät es dir.
Genau gesagt, ist Nordamerika
die Heimat der Schwarzbären.
Dort streifen sie durch
die dichten Wälder
und Buschlandschaften.

Amerikanischer Schwarzbär

Es gibt aber auch Schwarzbären,
die gar nicht schwarz sind.
Der **Kermodebär** hat ein sehr helles Fell.
Damit sieht er fast wie ein Eisbär aus.
Auch **Zimtbären** sind Schwarzbären.
Ihr Fell ist aber hellbraun oder rötlich.

Kermodebär

Zimtbär

Ganz schön neugierig!

Die meisten Bären der Welt
sind Amerikanische Schwarzbären.
Es gibt wahrscheinlich
etwa 800 000 Tiere dieser Art.
Das sind mehr, als es von allen
anderen Arten zusammen gibt.

Viele Schwarzbären leben
in den Nationalparks der USA.
Dort gibt es jede Menge Besucher.
Die Bären stöbern gern im Müll,
den die Leute zurücklassen.
Denn oft finden sie im Abfall
noch ein paar leckere Essensreste.

Nachwuchs bei den Bären

Von Mai bis Juli ist Paarungszeit.
Im Winter wird der Nachwuchs geboren.
Die Aufzucht ist Sache der Weibchen.

Bärenjunge kommen meist in einer Höhle zur Welt. Dort sind sie gut geschützt.

Zuerst sind die Bärenbabys noch blind und taub. Im Vergleich zu ihren Eltern sind sie winzig klein. Auch das dichte Fell muss erst noch wachsen.

Kleine Bären wachsen schnell. Denn die Muttermilch ist sehr nahrhaft.

Nach ein paar Monaten verlassen die kleinen Bären zum ersten Mal die Höhle. Neugierig entdecken sie ihre neue Umgebung. Die Mutter ist immer dabei. Sie hat die Kleinen genau im Blick.

Spielerisch lernen die Jungen zu kämpfen und sich zu verteidigen. Die Bärenmama zeigt ihnen, wie sie jagen, klettern und Höhlen graben können.

Die meisten jungen Bären bleiben etwa eineinhalb bis zwei Jahre bei ihrer Mutter. Manchmal sind die Geschwister noch einige Zeit zusammen. Bis sie ihre eigenen Familien gründen.

Ein Bär im Eis

Der **Eisbär** lebt als einziger Bär
auf den riesigen Eisflächen der Arktis.
Er ist perfekt an seinen Lebensraum
angepasst.

Eine dicke Fettschicht unter dem Fell
schützt ihn gegen die Kälte.
Sie wird bis zu zehn Zentimeter dick.
Die Deckhaare sind hohl und mit Luft gefüllt.
Sie wärmen wie eine dicke Winterjacke.
Die Haut unter dem Fell ist schwarz.
Sie kann die Wärme der Sonne speichern.
So wird dem Eisbären nicht so schnell kalt.

Mit Mama spielen
und kuscheln:
Auch kleine Eisbären
mögen das!

Das eiskalte Wasser macht dem Eisbären gar nichts aus.

An Land und im Wasser

Eisbären können richtig schnell laufen.
Ihre Tatzen sind groß und breit.
So kann sich das Gewicht gut verteilen.
Deshalb versinken sie nicht im Schnee.
Die Unterseite der Pfoten ist behaart.
Darum rutschen die Tiere nicht aus.

Außerdem haben Eisbären
Schwimmhäute zwischen den Zehen.
Das macht sie
zu ausgezeichneten Schwimmern.

Im Winter gibt es in der Arktis
genug Nahrung für die Bären.
Deshalb halten sie keine Winterruhe.
Stattdessen gehen sie lieber
auf die Jagd nach Robben.

Der junge Panda
schläft tief und fest.

Groß und flauschig

Der **Große Panda** lebt in Asien,
hoch oben im Gebirge.
Dort findet er jede Menge Bambus.
Das ist seine Lieblingsspeise.
Bambus enthält nicht viele Nährstoffe.
Daher muss der Panda am Tag
bis zu 20 Kilogramm davon fressen.

Die Hälfte des Tages
verbringt der Panda mit Futtern.
Die andere Hälfte verschläft er.

Guten Appetit!
Der Panda lässt sich
seinen Bambus
schmecken.

Klettern ist toll

Pandas können sich nicht auf die Hinterbeine stellen. Sie sitzen lieber gemütlich auf dem Po im Wald herum. Sie können aber auch bestens klettern und schwimmen.

zweiter Daumen

Große Pandas haben einen zweiten Daumen an ihren Vorderpfoten. Damit können sie ihr Futter besonders gut festhalten. Die Pandas haben also sechs Finger statt fünf.

Geschickt klettert der Große Panda im Baum herum.

Drei Bären in Asien

Außer dem Großen Panda leben noch drei weitere Großbären in Asien: der Lippenbär, der Malaienbär und der Kragenbär.

lange Unterlippe

Der **Lippenbär** hat besonders lange und bewegliche Lippen. Sie helfen ihm beim Futtern seiner Lieblingsspeise: Ameisen und Termiten. Mit den Lippen saugt der Bär die kleinen Tierchen geschickt aus ihrem Bau.

Lippenbären haben ein zotteliges Fell. Darum sehen sie oft etwas verschlafen aus.

Malaienbären
sind die kleinsten
von allen Großbären.

Kleiner Klettermeister

Malaienbären leben im Regenwald.
Ihre Heimat ist Südostasien.
Mit ihren gebogenen Krallen
können sie besonders gut
auf Bäume klettern.

Malaienbären sind meistens nachtaktiv.
Am Tag schlafen sie in ihrer Nestmulde
hoch oben in den Baumkronen.
Sie besteht aus Zweigen und Blättern.
In ihrer Heimat ist es immer warm.
Die Tiere finden das ganze Jahr über
genug zu fressen.
Darum halten sie auch keine Winterruhe.

Auf die Hinterbeine

Der **Kragenbär** hat lange Haare rund um seinen Hals.
Mit diesem Fellkragen sieht er größer aus, als er eigentlich ist.
Besonders, wenn er sich auf die Hinterbeine stellt.
Manchmal kann er damit sogar einen Tiger abschrecken.

Auf der Brust hat der Kragenbär eine helle Zeichnung im Fell.
Sie sieht aus wie eine Mondsichel.
Darum wird der Kragenbär auch Mondbär genannt.

Bens Lesequiz

1 Welcher Bär hat Schwimmhäute?

a) Der Braunbär.

b) Der Eisbär.

c) Der Malaienbär.

2 Was frisst der Große Panda am liebsten?

a) Seine Leibspeise sind Insekten.

b) Er frisst vor allem Früchte.

c) Er mag am liebsten Bambus.

3 Wo leben viele Brillenbären?

a) In den Anden.

b) In den Alpen.

c) Im Himalaya.

Lösung: 1b), 2c), 3a)

So leben die Kleinbären

Ein Bär mit Maske

Waschbären können gut klettern.
Kein Baum ist ihnen zu hoch.
Außerdem sind sie sehr neugierig.
Darum krabbeln sie schon mal
durch eine Katzenklappe
oder ein Fenster ins Haus.

Die kleinen Bären waren früher
nur in Nordamerika zu Hause.
Vor vielen Jahren brachte man sie
wegen ihres Fells nach Europa.
Einige Tiere gelangten in Freiheit
und vermehrten sich.
Seitdem sind die Waschbären
auch bei uns heimisch.

Das schwarze Fell rund um die Augen sieht aus wie eine Maske.

Im Wasser sucht der Waschbär nach ein paar Leckerbissen.

Was wäscht der Waschbär?

Waschbären leben gern in Wäldern,
in denen es Bäche oder Seen gibt.
Im Wasser suchen die Tiere nach Nahrung.
An den Vorderpfoten haben sie lange Finger.
Mit ihnen können sie sehr gut tasten.
So spüren sie geschickt kleine Fische,
Krebse, Larven oder Frösche auf.
Oft sieht das so aus, als würde der Bär
sich die Hände waschen.
So kam er zu seinem Namen.

Waschbären sind in der Nacht aktiv.
Tagsüber verstecken sie sich
in Baumhöhlen oder Fuchsbauen.
Perfekte Orte für ein Nickerchen!

Der flauschige Schwanz dient dem Panda als gemütliches Kopfkissen.

Ein Bär, viele Namen

Kleiner Panda, Roter Panda oder Feuerfuchs: Dieser niedliche Bär hat viele Namen. Er ist der einzige Vertreter der Katzenbären. Der kleine Bär leckt sich gern die Pfoten und wäscht damit seinen Kopf. Das erinnert an eine Katze.

Der Schwanz und die scharfen Krallen helfen dem Panda beim Klettern. Tagsüber schläft er zusammengerollt auf einem hohen Baum.

Munter am Abend

Am Abend werden die Bären munter und gehen auf Futtersuche. Pflanzen, Eier, Wurzeln und kleine Tiere stehen auf ihrem Speiseplan. Aber am allerliebsten mögen sie Bambus. Genau wie ihre großen Verwandten. Auch die Kleinen Pandas haben einen zweiten Daumen an den Pfoten. Er hilft beim Festhalten der Nahrung.

Bei Gefahr setzt der Kleine Panda seine scharfen Krallen ein. Oder er stellt sich auf die Hinterbeine und reckt die Arme in die Höhe. Damit will er seine Feinde einschüchtern.

Leg dich bloß nicht mit mir an! Der Kleine Panda droht einem Feind.

Zeig mir deine Nase

Der **Nasenbär** hat
eine lange und bewegliche Nase.
Beim Futtersuchen ist sie sehr praktisch.
Dicht über dem Boden schnüffelt
der Bär eifrig nach Nahrung.
Mit der Nase kann er Steine umdrehen
und in der Erde buddeln.

Außerdem hat der Nasenbär
einen enorm langen Schwanz.
Er wird ungefähr noch mal so lang
wie der ganze Bär.
Beim Schnüffeln und Stöbern
steht er meist senkrecht
nach oben.

Hier gibt's doch sicher was Gutes zu fressen, oder?

Gemeinsam suchen die jungen Nasenbären nach Nahrung.

Alle zusammen

Nasenbären sind gesellige Tiere.
Das ist anders als bei anderen Bären.
Mehrere Weibchen und ihre Jungen
leben in kleinen Gruppen zusammen.
Die Männchen sind aber Einzelgänger.
Jeder hat sein eigenes Revier,
das er gegen andere verteidigt.

Die Bären leben in Südamerika.
Sie sind am Tag aktiv.
Das ist ungewöhnlich für Kleinbären.

Zum Schlafen suchen sie sich
ein gemütliches Plätzchen
auf einem Baum.
Nasenbären sind nämlich
auch sehr gute Kletterer.

Einfach mal abhängen!
Die scharfen Krallen
und der lange Schwanz
sind dabei sehr praktisch.

Wickelbär

Ein Schwanz zum Wickeln

Auch **Wickelbären** leben in Südamerika. Fast ihr ganzes Leben verbringen sie hoch oben in den Bäumen. Beim Klettern balancieren sie mit ihrem langen Schwanz.

Geschickt schwingen sie sich von einem Ast zum nächsten. Dabei wickeln sie den Schwanz um Zweige und Äste herum. Der Schwanz ist dann eine Art Sicherheitsleine.

Alle Wickelbären haben eine Lieblingsspeise: Honig! Darum werden die Tiere auch Honigbären genannt.

Was riecht hier denn so?

Und noch ein Kleinbär
kommt aus Südamerika.
Es ist der **Makibär**.
Die kleinen Tiere sind sehr scheu.
Deshalb bekommt man sie
sehr selten zu sehen.
Außerdem sind sie nur
im Schutz der Nacht unterwegs.

Der Makibär wird auch Olingo genannt.
Das ist allerdings kein netter Spitzname.
Er leitet sich vom Wort „oliente“ ab.
Das ist Spanisch und heißt so viel
wie „übel riechend“.
Der Makibär hat wohl
einen recht strengen Körpergeruch.

In den Bäumen zu Hause:
Makibären können super
klettern und springen.

Am Abend werden auch
die Katzenfrette munter.
Dann geht es auf die Jagd.

Katze oder Kleinbär?

Was für ein seltsamer Name, oder?
Dieser Kleinbär heißt **Katzenfrett**.
Er ist aber weder mit den Katzen
noch mit den Frettchen verwandt.
Der lange Schwanz hilft beim Klettern.
Zum Schlafen legen die Tiere ihn
um ihren Körper herum.
Er wärmt wie eine Kuscheldecke.

Katzenfrett, Makibär und Wickelbär
haben sehr große Augen.
Das ist praktisch für nachtaktive Tiere.
Denn die Augen fangen auch noch
das kleinste Licht ein.
So finden sich die kleinen Bären
im Dunkeln gut zurecht.

Bens Lesequiz

1 **Wie schüchtert der Rote Panda seine Feinde ein?**

a) Er zeigt seine Zähne.

b) Er stellt sich auf die Hinterbeine und streckt seine Arme nach oben.

c) Er fängt fürchterlich an zu fauchen.

2 **Wo sucht der Nasenbär nach Futter?**

a) Er schnüffelt mit der Nase am Boden.

b) Er pflückt Blätter in den Bäumen.

c) Er tastet mit den Pfoten im Wasser.

3 **Welcher Kleinbär heißt auch Honigbär?**

a) Der Wickelbär.

b) Der Rote Panda.

c) Der Waschbär.

Lösung: 1b), 2a), 3a)

Von Bären
und Menschen

Der Geruch des Grills hat den Schwarzbären angelockt.

Bären in Not

Viele Bärenarten sind heute in Gefahr.
Die Großbären brauchen riesige Reviere,
in denen sie nach Futter suchen können.
Doch ihr Lebensraum wird immer kleiner.
Denn wir Menschen breiten uns
weiter und weiter aus.
Immer mehr Wälder werden abgeholzt.
Dadurch gibt es weniger Platz für die Bären.

Wenn Bären zu nah an unsere Häuser
und Felder herankommen,
gibt es meistens Ärger.
Denn Bären sind Raubtiere
und können auch gefährlich werden.
Vor allem, wenn sie sich bedroht fühlen.
Dann dürfen Bären gejagt werden.

Das Eis schmilzt

Der Klimawandel macht vor allem
den Eisbären zu schaffen.
In der eisigen Arktis jagen sie
ihre Lieblingsbeute: Robben.
Dabei wandern sie weite Strecken
von Eisscholle zu Eisscholle.

Doch wenn es immer wärmer wird,
schmilzt das Eis früher im Jahr.
Die Eisbären können sich
nicht mehr so gut fortbewegen.
So finden sie weniger zu fressen.
Dann suchen auch Eisbären
Futter in der Nähe der Menschen.

Die Eisbären
sind hungrig.
Das kann auch
gefährlich werden.

Zur Sicherheit müssen die Bärenforscher immer genug Abstand halten.

Spannende Bären

Groß, kuschelig und doch gefährlich:
Viele Menschen lieben Bären
und möchten alles über sie wissen.

Wo leben die meisten Bären?
Welche Wege legen sie zurück?
Was passiert, wenn Artgenossen
aufeinandertreffen?
Das alles ist für Forscherinnen
und Forscher sehr interessant.

Je mehr wir über Bären wissen,
desto besser können wir sie schützen.
So gibt es zum Beispiel Wildgehege
oder Schutzgebiete für die Tiere.
Dort sind sie sicher vor Jägern
oder Menschen, die sie fangen
und einsperren wollen.

Dieser Braunbär trägt einen Peilsender um den Hals.

Im Blick behalten

Wer Bären erforschen möchte,
muss sich einiges einfallen lassen.
Dabei helfen technische Geräte.

Mit Wildkameras kommen Forscherinnen
und Forscher den Bären auf die Spur.
Sie reagieren auf Wärme und Bewegung.
Wenn ein Bär in die Fotofalle tappt,
wird schnell ein Bild geschossen
oder ein kurzes Video aufgenommen.

Mit Peilsendern kann man gut
einzelne Tiere beobachten.
Der Sender wird dem Bären
an einem Halsband umgehängt.
Zuvor wird das Tier betäubt.
Nun weiß man genau,
wo der Bär auf die Jagd geht.
Oder wo er seinen Schlafplatz hat.

Wildkamera

Bären im Zoo

Vielleicht hast du schon einmal
Bären in einem Zoo gesehen.
Früher wurden sie meistens
in viel zu kleinen Gehegen eingesperrt.
Das hat sich zum Glück geändert.

Heute gibt es häufig größere Gehege
mit vielen Pflanzen, Felsen und Wasser.
Manchmal wollen die Tiere ihre Ruhe haben.
Dann haben sie genug Platz,
um sich auch einmal zurückzuziehen.
Damit ihnen nicht langweilig wird,
lassen sich Tierpfleger und Pflegerinnen
kleine Futtersuchspiele einfallen.

Großer Panda im Gehege

Mit der Eisbombe
ist der Eisbär
erst mal beschäftigt.

Die Eisbärin hat
im Zoo ein Junges
bekommen.

Hilfe beim Artenschutz

Besonders schön ist es,
wenn Bären Nachwuchs bekommen.
Denn in freier Natur sind viele Arten
vom Aussterben bedroht.
So helfen Zoos beim Artenschutz.

Manchmal werden gezüchtete Tiere
sogar wieder ausgewildert.
Doch das ist nicht ganz einfach.
Denn die Bären müssen dann
ihre Nahrung selbst finden.
Und es muss ganz sicher sein,
dass die Tiere nicht gejagt werden.

Trotzdem finden viele Menschen,
dass Bären nicht in Zoos gehören.
Was meinst du dazu?

Sag mal, Ben ...

Wo lebst du denn eigentlich?

Ich wohne in einer kleinen Höhle im Wald, zusammen mit Mama und meinen beiden Geschwistern. Dort stört uns fast niemand! Wir können den ganzen Tag herumtollen und spielen.

Was machst du denn den ganzen Tag?

Es wird nie langweilig! Bei uns kann man nämlich jeden Tag was Neues entdecken. Du glaubst nicht, wie viele Tiere es hier gibt! Und alle hinterlassen ihre Spuren im Wald. Manche Spuren können wir sehen, andere nehmen wir über den Geruch wahr. Und manchmal sehe ich sogar einen Elch.

Welche deiner Verwandten würdest du gern mal besuchen?

Ach, am allerliebsten würde ich mal
bei den coolen Eisbären vorbeischauen.
Von denen habe ich schon sehr viel gehört.
Aber vielleicht wäre es mir da auch zu kalt.
Denn den Winter verbringen wir ja nicht draußen.
Wir ruhen uns lieber in unserer Höhle aus.

Und was hast du heute noch vor?

Mit meinen Geschwistern den Wald erkunden!
Bisher haben wir uns noch nicht weit
von unserer Höhle weg getraut.
Wer weiß, wer hier noch so alles wohnt.
Und danach futtern wir ein paar Blaubeeren.
Vor unserer Höhle gibt es viele Sträucher. Lecker!

Danke, Ben!
Dabei wünschen wir dir viel Spaß!

Bens großes Lesequiz

1 Welcher Bär ist kein Braunbär?

a) Der Grizzlybär.

b) Der Lippenbär.

c) Der Kodiakbär.

2 Wie schnell können Großbären laufen?

a) So schnell wie ein Fahrradfahrer.

b) So schnell wie ein ICE.

c) So schnell wie ein Auto in der Stadt.

3 Wovon ernähren sich Bären?

a) Sie sind Allesfresser.

b) Sie fressen nur Fleisch.

c) Sie ernähren sich nur von Pflanzen.

Lösung: 1b), 2c), 3a)

4 Welcher Bär ist gar kein Bär?

a) Der Koalabär.

b) Der Brillenbär.

c) Der Kragenbär.

5 Was machen viele Bären im Winter?

a) Sie halten Winterschlaf.

b) Sie halten Winterruhe.

c) Sie wandern in den warmen Süden.

6 Welche Großbären gibt es am meisten?

a) Braunbären

b) Amerikanische Schwarzbären

c) Eisbären

Lösung: 4a), 5b), 6b)

7 **Welcher Bär wird auch Feuerfuchs genannt?**

a) Der Große Panda.

b) Der Kleine Panda.

c) Der Brillenbär.

8 **Wie hinterlassen Bären Spuren im Wald?**

a) Sie hinterlassen keine Spuren.

b) Sie brechen Äste ab und legen damit Zeichen.

c) Sie reiben ihren Pelz an Bäumen.

9 **Wie lange bleiben Bärenjunge bei der Mutter?**

a) Weniger als ein Jahr.

b) Ungefähr zwei Jahre.

c) Mehr als drei Jahre.

Lösung: 7b), 8c), 9b)

10 Warum heißt der Kragenbär auch Mondbär?

a) Er heult nachts den Mond an.

b) Er hat eine Mondsichel im Fell.

c) Er geht bei Vollmond auf die Jagd.

11 Warum heißt der Makibär auch Olingo?

a) Weil er so streng riecht.

b) Weil er so große Augen hat.

c) Weil er nachtaktiv ist.

12 Warum sind so viele Bären bedroht?

a) Sie haben keine Lust zu jagen.

b) Sie kämpfen ständig miteinander.

c) Ihr Lebensraum wird immer kleiner.

Lösung: 10b), 11a), 12c)

Bildquellennachweis

Archiv Tessloff: 12–13 (Weltkarte); **picture alliance:** 7 um (Wickelbär:Minden Pictures/Roland Seitre), 10 ul (Katzenfrett: imageBROKER/H. Reinhard), 11 u (imageBROKER/Jürgen&Christine Sohns), 11 o (Bruce Coleman/Photoshot/Rod Williams), 21 o (Zoonar/Jakub Mrocek), 22 um (imageBROKER/Frank Sommariva), 22 ur (Anka Agency International/Gerard Lacz), 24 u (imageBROKER/C. Huetter), 25 o (imageBROKER/Jürgen&Christine Sohns), 28 ml (Wildlife/S. Eszterhas), 28 or (Minden Pictures/Suzi Eszterhas), 28 ur (WILDLIFE/D.J.Cox), 33 or (Minden Pictures/Katherine Feng), 35 o (imageBROKER/TUNS), 41 or (imageBROKER/P. Wegner), 46 or (Minden Pictures/Roland Seitre), 48 o (Minden Pictures/Kevin Schafer), 50–51 (CHROMORANGE/T. Sbampato), 52 o (WILDLIFE/D.J.Cox), 53 u (OKAPIA KG/Fritz Pölking), 54 o (WILDLIFE/I.Shpilenok), 55 ur (Westend61/Sr.Stocker), 55 or (Mary Evans Picture Library/M. Watson/ardea.com), 56 ur (dpa-Zentralbild/Bernd Wüstneck), 57 or (dpa/Fabian Nitschmann); **Shutterstock:** 4–5 (ArCaLu), 6 ul (Gr. Panda:Danita Delimont), 6 um (Braunbär:Erik Mandre), 6 ur (Eisbär:Risto Raunio), 7 ul (Waschbär:Heiko Kiera), 7 ur (Roter Panda:MyImages - Micha), 8 u (Sergey Uryadnikov), 8 o (Volodymyr Burdiak), 9 o (Petr Simon), 9 u (Erik Mandre), 10 ur (Nasenbär: Ladislav Berecz), 14 ol (Wild Hearted), 14 or (wk1003mike), 14 mr (Brauner Bär:Lima_84), 16–17 (DKeith), 18 u (Perpis), 18 o (Volodymyr Burdiak), 19 u (Ruediger Jahnke), 20 u (Volodymyr Burdiak), 22 ul (Ghost Bear), 23 ol (Intertourist), 23 or (Alexey Suloev), 26 ul (NaturesMomentsuk), 26 ur (Menno Schaefer), 26 or (critterbiz), 27 or (Christina Dutkowski), 29 ml (Volodymyr Burdiak), 29 ur (Volodymyr Burdiak), 29 or (ArCaLu), 30 ul (Anne Kiel), 31 or (Sylvie Bouchard), 32 ul (Andrea Izzotti), 32 or (SJ Travel Photo and Video), 33 ul (Simon Zhu), 34 ul (Andrea Izzotti), 34 or (Michal Sloviak), 36 u (Anan Kaewkhammul), 38–39 (L-N), 40 u (Debbie Steinhausser), 42 o (petrdd), 43 ur (mcherevan), 44 ul (Alf Ribeiro), 44 ul (Nasenbär Schwanz: Diego Grandi), 45 o (Daniel Wick), 47 u (Martin Pelanek), 56 ul (chocobluesky19), 61 o (Wild Hearted), 63 m (Martin Pelanek); **Wikipedia:** 7 mr (Fußsohle:Public Domain/NPS Photo/Emily Mesner)

Umschlagfotos: Shutterstock: U1 (Sebastian_Photography);
picture alliance: U4 (imageBROKER/Jürgen&Christine Sohns)

Text: Christina Braun
Lektorat: Sonja Meierjürgen
Illustrationen: Daniel Holy
Bildredaktion: Christine Schmidt-Rudloff
Gestaltung: Tobias Laxy
Umschlaggestaltung: Tobias Laxy

ISBN 978-3-7886-7688-9

FSC
www.fsc.org
MIX
Papier | Fördert gute Waldnutzung
FSC® C002795

WAS IST WAS
Erstes LESEN
Wale und Delfine
Planeten
Vulkane
Natur entdecken
Bienen
Wald
Pferde und Ponys
Wetter
Polargebiete
Unsere Erde
Insekten
Ozeane
Dinosaurier
Unser Körper
Regenwald
Haie
Raubkatzen
Greifvögel
Ritter und Burgen
Wölfe
TESSLOFF